Apprendre à déguster les vins

K. Gibel

Préface de J.-C. Ribaut

FAVRE

Éditions Favre SA
Siège social
29, rue de Bourg – CH-1002 Lausanne
Tél. : 021/312 17 17 – Fax : 021/320 50 59
edfavre@span.ch

Bureau de Paris
12, rue Duguay-Trouin – F-75006 Paris
Tél. : 01 42 22 01 90
edfavre@noos.fr

www.editionsfavre.com

Dépôt légal en Suisse en septembre 2003

Illustrations : Flavia Travaglini
Traduction : Loyse Pahud
Mise en page : MGraphic : Jean-Paul Piantanida

ISBN : 2-8289-0751-1

Table des matières

Préface

La démarche de l'amateur de vins, soutenue par la dégustation, est faite d'incertitudes, de découvertes, de plaisirs toujours différents. Le plaisir du vin ne se donne que dans sa complexité. Il convient d'attendre patiemment qu'elle s'exprime. Imaginer, rêver ce qu'elle pourrait être. Il y a toujours dans le souvenir la couleur garance d'un vin qui fut une ombre légère, «*comme la mer vineuse*» disaient les Anciens. Une seule fiche technique concernant un vin ne résumera jamais le sens de la dégustation, faite de multiples perceptions, d'odeurs, de saveurs qui se répondent. Elle est le résultat personnel d'une culture du vin. C'est l'ambition de cet ouvrage que de proposer une méthode.

L'amateur de vins goûte avec ses sens, sa sensibilité orientée et ses souvenirs. Valeurs tempérées par un sens de la sociabilité, de la courtoisie et aussi le sens de l'humour, que l'on doit accorder à de pareils sujets. Les amateurs ne sont pas prêts pour le «concours de dégustation à l'aveugle», car en présence des dégustateurs désincarnés, l'obscurité s'accroît. Ce sera alors secte contre secte. Les *intuitifs* contre ceux qui savent, les *initiés*, la bible œnologique à la main pour en assommer l'adversaire. Chacun se déplaçant, avec sa robe pourpre de jurande. Pourtant, le jugement à l'aveugle est la seule méthode permettant aux professionnels d'exprimer un jugement collectif, d'établir un classement, d'accorder prix et médailles. Le vin, si modeste soit-il, issu d'un terroir authentique, devient un mode de vie. Il faut lui accorder du temps, l'avoir fréquenté peut-être depuis longtemps. Se ressouvenir du paysage mental de ses qualités, humble vignette gravée dans la mémoire. Le vin recherché par la dégustation est un vin rêvé, peut-être, que l'on a perdu, que l'on ne retrouvera plus. Le vin comme toutes les passions demande des amoureux savants, sinon austères, qui ne rechignent pas à tester pour mieux ressentir encore, enrichir leur plaisir et leur savoir conjointement accordés.

Le discours sur la dégustation aux métaphores parfois complexes et hermétiques, celui des sommeliers aux propos fleuris, ne peut se substituer à l'approche personnelle. D'ailleurs, *savoir* possède la même racine que *saveur*, d'un verbe latin qui signifie *goûter*. Seul l'argot, avec l'expression *« être au parfum »*, évoque cette source sensorielle de la connaissance, nous rappellent avec humour Martine Courtois et Colette Guillemard, dans *Le Vin et la Table* (Belin,1997), qui analysent aussi le plaisir raffiné du dégustateur comme une stratégie contre l'ivresse et soulignent l'opposition entre l'ivrogne *« qui boit du vin anonyme »* et le connaisseur qui *« savoure un vin, toujours singulier et doté d'un nom propre »*. Chacun, amateur débutant ou dégustateur confirmé, doit avoir à l'esprit l'opinion du grand œnologue Emile Peynaud sur la vinification : *« Un complexe de science et d'art, de connaissances et d'artisanat »*. Pour l'assemblage auquel sont soumis les plus grands vins, il ajoutait : *« Lorsqu'il est réussi (...), un mélange hasardeux accouche d'une chimère gustative. »* C'est à la découverte de cette chimère qu'invite ce modeste et précieux manuel.

Jean-Claude Ribaut
critique gastronomique au journal *Le Monde*

Avant-propos

Chaque année, 35 milliards de bouteilles sont produites dans le monde entier. En Europe, pas moins de 10 pays et d'innombrables régions rivalisent de diversité, pour le plus grand bonheur des amateurs de vins.

Les consommateurs ont l'embarras du choix. En dépit de toutes les méthodes d'analyses chimiques, le meilleur conseiller pour l'achat d'un vin reste le palais humain. Mieux on déguste et plus sûrement on achète... Et plus on a de plaisir à boire.

La représentation en images du déroulement de la dégustation vous facilitera la mise en relation entre les perceptions gustatives et olfactives opérées par le cerveau droit et les capacités analytiques du cerveau gauche.

Grâce à cette méthode ludique, la description de vos impressions dans les termes adéquats et le décryptage des secrets du vin deviendront bien vite une routine.

I La dégustation

Avertissement

Pour réussir votre dégustation, avant de la commencer, soyez attentif aux points suivants.

L'esprit clair

Déguster requiert la participation éveillée de tous vos sens. Cela se passe mieux quand on est reposé.

Le palais neutre

Les cellules nerveuses du goût et de l'odorat ne devraient pas être assommées par un repas pris auparavant ou par la fumée de cigarettes.

Du temps

Déguster n'est pas l'art de la frénésie. Pour pénétrer la magie d'un vin, vous avez besoin de temps. Le meilleur moment : avant le repas de midi ou du soir.

L'environnement idéal

L'air ne doit pas contenir d'effluves étrangers. Pour juger de la couleur du vin, vous avez besoin d'une bonne lumière et d'une nappe blanche.

Un verre adéquat

Verres colorés interdits ! Pour déguster, l'usage du verre calibré aux normes INAO s'impose. On y verse 40 à 50 ml de vin ; le verre se trouve à peine rempli jusqu'à sa plus grande largeur. Conseil : comparez, à titre de test, le même vin versé dans différents verres. Vous serez étonné des goûts différents qu'il révélera.

Le vin

Les vins de masse se prêtent à l'apprentissage du déroulement de la dégustation, mais en matière de goût, ils n'apportent pas grand-chose. Des vins de bonne qualité ouvrent de nouveaux mondes de saveurs. Testez en parallèle des bouteilles de diverses catégories de prix, pour faire une comparaison directe.

La bonne température

Le goût et les arômes se déploient différemment selon la température. La chaleur à laquelle un vin est bu joue donc un rôle central : trop chaud, des défauts apparaîtront, trop froid, les papilles seront anesthésiées.

La dégustation en dix étapes

❶
Dépliez les jaquettes du livre. Elles constituent le nerf de ce petit volume. La planche de gauche vous permet de saisir, en un coup d'œil, l'ensemble du déroulement de la dégustation; celle de droite, les arômes les plus importants.

❷.
Au centre de la planche illustrée de gauche se trouvent les organes des sens sollicités par la dégustation. La trace de couleur part de l'organe et traverse une large palette de termes courants dans le vocabulaire de la dégustation, accompagnés d'images.
Suivez les groupes de concepts dans le sens des aiguilles d'une montre et notez vos impressions sur la feuille de dégustation (page 12 pour le vin rouge et page 13 pour le blanc).

❸
Si la technique de la dégustation ne vous est pas encore familière, vous trouverez des indications qui vous éclaireront au chapitre II, au début de chaque paragraphe.

❹
Commencez par examiner le vin avec vos yeux. La trace de couleur verte vous conduit aux concepts propres à qualifier l'aspect visuel du vin.
Clarté ? Trace de carbonique ? Disque du vin ? Couleur et profondeur ?
Les « couleurs du vin », sur la partie retournée des jaquettes, vous donnent d'autres importants indices.

❺
Maintenant, appréciez le vin avec votre nez.
Pureté ? Intensité des arômes ? Qualité ? Quelles notes dominent ? Florales, épicées, d'autres encore ?
Regardez la deuxième planche illustrée (jaquette droite), et laissez-vous inspirer par la multitude des arômes indiqués (plus de 100). Surtout, ne cherchez pas à sentir quelque chose à tout prix ! Les vins n'exhalent parfois qu'un bouquet simple et souvent rien de très expressif. Mais il y a aussi des cépages où, d'emblée, vous repérerez des fleurs, des arômes de fruit, ou alors des notes boisées dues à la vinification.

❻
L'étape suivante nous amène… à la bouche.
Première sensation? Douceur? Acidité? Tanins? Corps? Finale? Choisissez les concepts appropriés sur la planche illustrée de gauche!

❼.
À la fin, tirez de vos sensations une impression générale. Y a-t-il harmonie? Décrivez le caractère du vin en vous aidant des concepts de la planche de gauche ou avec les termes de votre cru, qu'avec un peu d'exercice vous n'aurez pas de peine à inventer.

❽.
Chaque groupe de concepts figurant sur les planches illustrées est numéroté. Ce chiffre vous conduit au numéro de la page où vous trouverez, après la dégustation, des informations fouillées et où, parallèlement, vous pourrez contrôler la justesse de vos appréciations gustatives. Décryptez le sens de vos annotations au chapitre II. Les concepts spécifiques sont expliqués dans le glossaire (page 66).

❾.
Il existe différentes échelles de notation d'un vin. Un des systèmes d'évaluation possibles consiste à accorder vingt points en tout, répartis ainsi:

À l'œil: jusqu'à 3 points
Au nez: jusqu'à 6 points
En bouche: jusqu'à 8 points
Impression générale: jusqu'à 3 points
Total: 20 points

❿.
On sait que la connaissance ne tombe pas du ciel. Lisez et relisez ces instructions jusqu'à ce que vous vous y retrouviez sans peine dans les planches illustrées et dans le livre.

Quelques conseils

Dans la dégustation aussi, le développement d'une certaine assurance requiert de l'entraînement.

Il est important que vous procédiez systématiquement, en vous aidant des planches de la couverture, et que vous aiguisiez vos sens. La nature et la cuisine offrent mille occasions d'exciter et d'entraîner nos organes sensoriels souvent étiolés.

Les comparaisons gustatives et une routine progressive créent les bases d'une bonne compréhension du vin. Plus vous accumulerez les expériences et plus libre vous serez dans vos appréciations, indépendant de ceux qui savent toujours mieux, et indifférent aux étiquettes flatteuses, parfois trompeuses.

Ne vous laissez pas gâter le plaisir de boire par trop d'analyses et de contre-analyses. Les meilleures conditions pour faire de rapides progrès dans la dégustation sont la curiosité ludique et la joie d'apprendre à connaître de nouveaux vins.

Feuille de dégustation du vin rouge

Vin

Nom et producteur

Date d'achat

Fournisseur

Prix

Origine géographique

Cépage

Dégustation

Date

Impressions

À l'œil

Clarté

Disque du vin

Couleur

Profondeur

Au nez

Pureté

Intensité des arômes

Qualité

Arômes

En bouche

Première impression

Carbonique

Tanins

Corps

Alcool

Rétro-olfaction

Longueur

Impression générale

Harmonie

Caractère

Feuille de dégustation du vin blanc

Vin

Nom et producteur

Date d'achat

Fournisseur

Prix

Origine géographique

Cépage

Dégustation

Date

Impressions

À l'œil

Clarté

Disque du vin

Couleur

Profondeur

Au nez

Pureté

Intensité des arômes

Qualité

Arômes

En bouche

Première impression

Carbonique

Douceur

Acidité

Corps

Alcool

Rétro-olfaction

Longueur

Impression générale

Harmonie

Caractère

II Les caractéristiques des vins et leur origine

Le vin est un produit de la nature – un fruit du climat, des propriétés du sol et d'un savoir-faire.

Un cabernet-sauvignon, par exemple, aura un goût différent selon sa provenance, sa situation, son millésime, sa vinification, son stockage, etc.

Certains signes révèlent clairement un cépage, un territoire ou une méthode de vinification. D'autres indiquent des pistes, des possibilités, mais ne se laissent pas interpréter de manière univoque.

Dans les pages suivantes, les informations fouillées sur toutes les caractéristiques des vins vous aideront à vous mettre sur la bonne piste.

À l'œil

Les larmes ne proviennent pas de la glycérine mais de l'alcool : plus un vin sera riche en alcool, et plus les larmes coulant sur les parois intérieures du verre seront épaisses. Les bulles qui se forment à la surface indiquent la présence de gaz carbonique, naturellement présent ou dû à une fermentation indésirable en bouteille.

Clarté

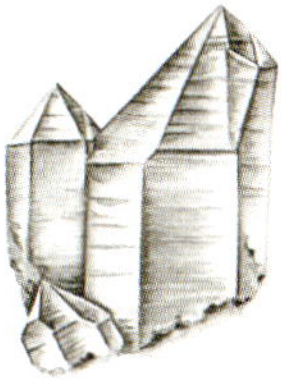

- Technique de dégustation

Tendez le verre en direction d'une source lumineuse.

Cristallin

Plus le vin est riche en acidité, plus sa robe sera brillante.

Limpide

Sans particules en suspens. Un vin mat est pauvre en acidité.

Voilé

La présence d'un voile peut être le signe d'une fermentation bactérienne ou d'un lieu de stockage trop chaud. Si les particules se décantent, elles sont constituées de tanins et de substances colorantes (il ne s'agit pas d'un défaut, décantez le vin !).

Trouble

Lorsqu'un vin reste trouble, il indique généralement une fermentation bactérienne ou levurienne. Si des particules se déposent au fond du verre, il s'agit de tanins, pigments et gravelle. Ce n'est pas un défaut ! Il faut décanter le vin.

Pétillement

• Technique de dégustation

Tendez le verre en direction d'une source lumineuse.

Taille des bulles

Bulles fines

Indiquent que le vin a fermenté en bouteilles et à basse température (environ 11° C).

Grosses bulles

Indiquent une fermentation en bouteilles un peu trop hâtive où en cuve close. Vin mousseux de moindre qualité.

Tenue de mousse

Bonne tenue de la mousse

Dans une flûte à champagne (fond du verre légèrement mat), les bulles doivent monter régulièrement à la surface par petits fils (signe de bonne qualité).

Mousse fugace

La mousse disparaît rapidement lorsque le gaz carbonique a été ajouté artificiellement ou lorsqu'il y a des traces de détergent, rouge à lèvres etc., au bord de la paroi du verre.

Disque du vin

• Technique de dégustation

Tendez le verre en direction d'une source lumineuse.

Brillant

Le vin acheté dans le commerce doit présenter une surface brillante. Se dit d'un vin parfaitement limpide.

Mat

Défaut.

Couleur

- Technique de dégustation

Inclinez légèrement le verre et observez la couleur sur un fond blanc. Analysez le centre et les reflets au bord du disque.

Vin blanc

La couleur du vin blanc devient plus intense avec le vieillissement. L'intensité de la couleur peut donner des indications sur le degré de maturation du raisin, de la méthode de vinification et du mode d'élevage.

Jaune-gris
Vin simple issu d'un raisin à peine mûr ou dépouillé lors de la vinification et l'élevage (charbon, collage trop important).

Jaune-vert
Un reflet verdâtre peut indiquer que le vin est riche en acidité.

Jaune pâle
Jaune peu soutenu, manquant d'éclat.

Or pâle
Jaune or moyennement soutenu.

Jaune or
Couleur des vins blancs concentrés et mûrs.

Doré
Peut être un vin blanc issu de grains nobles.

Mordoré
Vin blanc trop vieux ou ayant subi une forte oxydation (sherry Oloroso)

Ambré
Vin blanc trop vieux ou ayant subi une forte oxydation.

Marron
Vin sans vie ou ayant subi une très forte oxydation.

Rosé

La couleur d'un rosé dépend du cépage et du temps de macération.

Cerise noire
Vin jeune souvent issu de cépages donnant un raisin riche en couleur.

Rouge framboise
Vin jeune et fruité.

Saumoné
Rosé légèrement évolué.

Pelure d'oignon
Rosé mûr issu d'une macération très courte.

Rouge

La couleur rouge d'un vin jeune évolue avec le temps vers des nuances vermillon/orangées et ensuite brunâtres. L'intensité de la couleur et la vitesse de son évolution dépendent du cépage, de la maturité du raisin et du mode de vinification.

Encre
Vin jeune souvent très concentré et riche en extrait.

Pourpre
Vin jeune à la couleur rouge très intense.

Rouge cerise
Vin jeune peu évolué.

Rubis
Rouge d'intensité moyenne.

Grenat
Rouge de forte intensité avec des reflets très légèrement orangés.

Tuilé
Vin rouge évolué ayant acquis une couleur orangée ou vin muté ayant subi un élevage oxydatif.

Cuivré
Vin très évolué.

Profondeur

• Technique de dégustation

Observez le vin en tenant le verre légèrement incliné vers une surface blanche ; la profondeur se juge au centre du disque du vin.

Trouble

Se dit d'un vin peu clair, manquant de limpidité.

Presque noir

Généralement un vin tannique et structuré.

Profondeur moyenne

Pâle

Les vins pâles sont souvent maigres en raison de rendements trop importants, d'une maturité des raisins insuffisante ou d'une macération trop courte.

Le nez

• Technique de dégustation

1. Tenez le verre sous votre nez et concentrez-vous sur la première impression fugitive. Appréciez la pureté, l'intensité et la qualité. Le bouquet vous rappelle-t-il une fleur, un fruit, du bois ou d'autres senteurs plus ou moins raffinées ? Parmi les arômes très fins, en reconnaissez-vous déjà quelques-uns ?

2. Balancez doucement le verre et essayez de humer d'autres arômes. On préférera plusieurs brèves inspirations à une longue et profonde.

3. Agitez vigoureusement le verre : cela peut libérer encore d'autres matières aromatiques, plus lourdes.

4. Tout de suite après avoir vidé votre verre, humez-le intensément pour l'impression finale. On découvre souvent dans le verre vide de nouveaux arômes et de nouvelles odeurs, plus ou moins agréables.

Pureté

D'une grande pureté

Le bouquet idéal. Voir « franc ».

Franc

Le vin se présente sans arômes étrangers, ou des notes boisées trop fortes qui portent atteinte au vin.

Pas absolument franc

Avec de légers défauts.

Fétide

Vin malodorant. Il s'agit souvent de combinaisons soufrées.

Intensité des arômes

Dépend du rendement, du cépage et de la qualité du millésime.

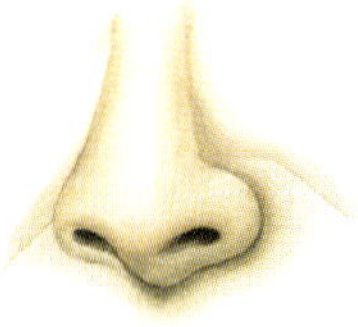

Écœurant

Qui fatigue l'odorat ; lourd, agressif.

Puissant

Arôme qui se développe avec grande générosité.
Albariño, Espagne
Gewürztraminer
Muscat
Pinot gris, Alsace
Sauvignon blanc
Sylvaner
Vermentino
Viognier
Spécialités valaisannes, Suisse
… Et beaucoup d'autres encore

Intense

Arôme dense et persistant.

De bonne intensité

Bouquet assez concentré clairement perceptible.

Réservé

Vin très jeune, se dévoilant avec retenue. Les arômes vont se libérer avec le vieillissement.

Creux

Il s'agit souvent de vins issus de rendements trop importants ou de cépages très peu aromatiques.

Qualité

Un bouquet de qualité est complexe et fin ; il persiste également dans le verre vide.

Complexe
Bouquet riche en nuances, en arômes différents.

Fin
Arôme élégant, raffiné et subtil.

Racé
Arôme frais, élégant, soutenu par une bonne acidité.

Commun
Sans grand intérêt, simple.

Grossier
Écœurant, vulgaire.

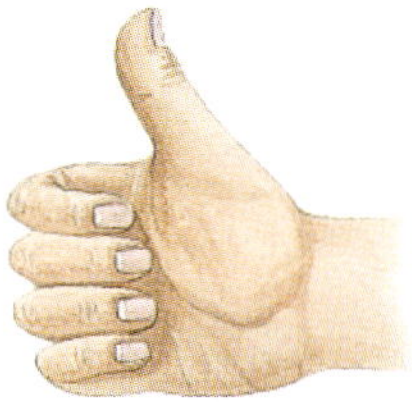

Arômes

Chaque arôme en particulier est décrit dans les pages qui suivent.

Floral

Acacia

Arneis, Italie du Nord
Favorita, Piémont

Tilleul

Chasselas
Gewürztraminer, Frioul
Chardonnay, Australie

Chèvrefeuille

Arôme floral délicat contenant une très légère note de miel.

Aubépine

Rose

Peut être perçu avant l'agitation du verre.

Gewürztraminer
Muscat d'Alsace
Nebbiolo, Piémont
Pinot noir
*Müller-Thurgau (Riesling X Sylvaner)**

Violette, iris

Arôme puissant, légèrement douceâtre

Mammolo, Toscane
Schioppettino, Frioul
Verduzzo, Frioul
Jeune nebbiolo, Piémont
Jeune pinot noir

Géranium (feuilles)

Le goût de géranium provient d'une dégradation, sous l'action de bactéries lactiques, de l'acide sorbique mal dosé qui réagit alors avec l'alcool. L'acide sorbique peut être utilisé pour freiner la fermentation.

** Selon les recherches les plus récentes, le Müller-Thurgau est un croisement de riesling et de madeleine royale.*

Fruité

Les arômes de fruits jaunes se trouvent plutôt dans les vins blancs, ceux de fruits rouges plutôt dans les vins rouges.

Baies

Fraise

Brachetto, Piémont
Gamay
Pinot noir, Loire
Cabernet franc, Loire
Tempranillo, Espagne

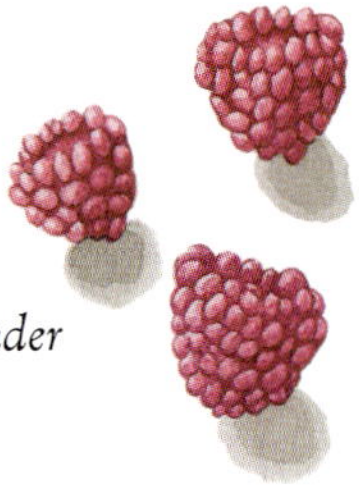

Framboise

Grenache/Garnacha/Cannonau
Pinot noir/Blauburgunder/Spätburgunder
Cabernet franc, Bourgueil (Loire)

Mûre

Jeune syrah par ex. de la vallée du Rhône (Shiraz)
Zinfandel
Schioppettino, Frioul
Dornfelder, Allemagne
Dolcetto, Piémont

Cassis

Souvent présent dans le vin rouge, cet arôme est généralement discret.

Cabernet sauvignon
Cabernet franc
Scheurebe, Allemagne

Groseille

Cabernet sauvignon, Autriche
Pinot noir, Suisse
Vernatsch/Schiava, Tyrol du Sud
Portugieser, Allemagne

Myrtille

Merlot
Malbec
Teroldego, Trentin

Sureau

Dornfelder, Allemagne
Sauvignon, France
Sangiovese, Toscane

Groseille à maquereau

Sauvignon blanc, surtout de la Loire et de Nouvelle-Zélande
Sylvaner, Allemagne

Fruits à noyau

Cerise

Jeune pinot noir
Jeune nebbiolo
Ciliegiolo, Ombrie
Blaufränkisch, Autriche
Merlot
Zweigelt, Autriche
Recioto della Valpolicella, Vénétie

Griotte

Jeune barbera, Piémont
Dornfelder, Allemagne
Lemberger, Allemagne

Prune

Merlot
Nebbiolo, Piémont
Pinot noir, Californie
Refosco, Frioul
Pinotage, Afrique du Sud
Vins de Porto et Rasteau

Abricot

Souvent présent dans des vins issus de raisins passerillés ou pourris nobles.

Viognier
Chenin blanc doux de la Loire
Bical, Bairrada (Portugal)
Picolit, Frioul
Petit manseng surmaturé

Pêche

Albariño/Alvarinho
Chardonnay, Australie
Riesling
Viognier

Fruits à pépins

Coing

Zierfandler, Autriche
Chenin blanc, Loire
Pinot gris, Suisse

Poire

Favorita, Piémont
Pinot gris, Allemagne
Kerner, Allemagne

Pomme granny smith

Jeune chardonnay
Jeune riesling
Marsanne
Steen/Chenin blanc, Afrique du Sud
Verduzzo, Frioul

Pomme oxydée

Signale une oxydation du fruit.
Tout vin oxydé.

Agrumes

Citron vert

Vins blancs australiens

Citron

Parfois présent dans des vins acidifiés. On le perçoit avant d'agiter le verre.

Jeune sémillon
Sauvignon blanc, Languedoc
Picpoul de Pinet, Languedoc

Orange

Muscat
Kerner, Allemagne

Pamplemousse

Lorsque cet arôme domine, il signale que le vin est issu d'une vendange pas assez mûre.

Riesling
Scheurebe, Allemagne
Petite arvine, Valais
Chardonnay, Nouvelle-Zélande

Fruits exotiques

Ces arômes peuvent se former lorsque la température de fermentation est très basse (10 à 15 °C).

Sauvignon blanc, Nouvelle-Zélande
Mais aussi :
Scheurebe, Allemagne
Weisser Riesling, Pfalz
Roussette, Savoie et Bugey
Viognier

Ananas

Cet arôme peut se former lors de températures de fermentation très basses.

Chardonnay, Australie et Californie
Pinot gris, Allemagne
Sauternes

Banane

Cet arôme (acétate d'isoamyle) se forme lorsque la température de fermentation est très basse ou pendant la macération carbonique. Il s'agit souvent de vins simples, à boire jeunes.

Beaujolais nouveau

Litchi

Gewürztraminer

Mangue

Petite arvine, Valais

Melon

Chardonnay, Mâconnais
Constantia doux, Afrique du Sud

Muscat

Muscat/Moscato/Moscatel/Muskateller
Aleatico, Toscane
Huxelrebe, Allemagne
Torrontés, Argentine

Fruits secs

Abricot sec

Vins doux de Sauternes, Barsac,
Entre-Deux-Mers
Constantia, Afrique du Sud

Pruneau

Vins très mûrs ou vins mutés.

Banyuls
Vintage Port

Confiture de fraises

Vin issu d'une vendange très, parfois trop, mûre. Peut se former lorsque le moût est chauffé avant fermentation.

Pinot noir, Californie
Tempranillo, Rioja

Raisin sec

Vin issu de vendanges passerillées ou de régions très chaudes.

Moscatel de Valencia
Vins mutés de Banyuls, Maury, Rivesaltes
Madère
Sforzato, Valteline
Amarone, Valpollicella

Figue

Vin produit dans une région à climat chaud et issu d'une vendange très mûre, voir *passerillée*.

Pedro Ximénez (Vino Dulce), xérès
Vins du Priorat, Espagne
Vintage Port

Noix de coco

Note aromatique (isomères de la « whisky-lactone ») qu'on peut trouver dans un vin élevé en barriques.

Noisette

On peut trouver cet arôme dans un vin blanc élevé dans le bois.

Chardonnay, bourgogne
Vins doux de Bordeaux (sauternes, barsac, etc.)
Mais aussi :
Grechetto, Ombrie
Vernaccia, Toscane

Amande

Arneis, Piémont
Garganega, Soave
Pinot gris, Vénétie et Frioul
Chenin blanc doux, Loire
Pinot blanc/Weissburgunder/Pinot bianco
Vins de Porto
Xérès

Massepain

Marsanne, sud de la France

Végétal

Rafraîchissant

Menthe
Perceptible avant l'agitation du verre.
Cabernet sauvignon, Australie
Syrah, Australie

Eucalyptus
Signale souvent un élevage en barrique.
Cabernet sauvignon, Australie

Herbacé

Herbe
Vin issu de vendanges manquant de maturité ou issu de cépages riches en arômes végétaux (cabernet franc, cabernet sauvignon). Les arômes végétaux peuvent évoluer, par le vieillissement, vers des notes de foin coupé, fougère, menthe, tabac.
Marqué dans les:
Cabernet franc, Italie
Cabernet sauvignon, Tyrol du Sud
Sémillon

Poivron vert
Arôme végétal (2 méthoxy-3-isobutyl-pyrazine) présent notamment dans les cabernets francs et le cabernet sauvignon. S'il domine, cela signifie que le vin provient de raisins manquant de maturité.
Marqué dans les:
Cabernet franc, Loire
Cabernet sauvignon, Bordeaux
Carmenère, Chili
Sauvignon blanc de Touraine

Légumes

Asperge
Typique du sauvignon blanc de millésimes chauds ou de régions au climat très chaud.

Olive
Mourvèdre

Chou
On trouve cet arôme dans les vins réduits. Il s'agit donc souvent d'un défaut s'il ne disparaît pas après aération. Mais aussi dans les vins des cépages ci-dessous :

Fernão Pires, Portugal
Xarel-lo, Cava, Espagne

Alliacé (ail, oignon)
On trouve cet arôme dans les vins réduits. Il s'agit donc souvent d'un défaut s'il ne disparaît pas après aération.

Végétaux séchés

Sont issus d'arômes végétaux qui se transforment après un long vieillissement en bouteille.

Tabac

Arôme que l'on peut dénicher dans un vieux Bordeaux d'année froide (arôme végétal) ou dans des vins élevés en barriques (arôme empyreumatique).

Vins du Médoc et de Graves
Châteauneuf-du-Pape
Tempranillo, Espagne
Tinta roriz, Portugal

Thé

Tawny Port
Vintage Port
Roussanne, Rhône

Foin

Chenin blanc, Loire
Picolit, Frioul
Sylvaner, Allemagne
Merlot

Terreux

Cabernet sauvignon du Tyrol du sud
Cabernet sauvignon de la Hunter Valley (Australie) et d'Afrique du Sud
Petite syrah, Californie
Rioja, Espagne

Sous-bois

S'il domine, signale le fût défectueux, la cave malpropre ou un raisin atteint de pourriture grise.

Humus

S'il domine, signale un problème d'élevage (vieilles barriques) ou une cave malpropre. Parfois présent dans des vins d'un certain âge.

Pinot noir arrivé à maturité, Bourgogne

Poussière

Bouquet généralement dû à un élevage non approprié.

Champignon

Positif : arôme noble. Négatif : arôme de moisi signalant une cave ou des barriques malpropres, ou encore une atteinte de pourriture grise sur les raisins.

Merlot

Cèpe

Arôme très fin (Octène-3-ol). Il se forme lors d'une longue garde en bouteilles.

Truffe

Arôme (diméthilsulfure) présent dans des grands vins d'un certain âge.

Nebbiolo, Piémont
Pinot noir, Bourgogne
Pomerol arrivé à maturité

Épice

Vanille

Arôme naturellement présent dans le vin ou issu d'un élevage en barriques. Le chêne américain (Quercus Alba) est plus aromatique que le chêne utilisé à Bordeaux (Quercus Sessilis) ou à Cognac (Quercus Rubro).

Vins d'Espagne et du Nouveau Monde

Réglisse

Se trouve dans les vins rouges issus des cépages mourvèdre, merlot ou syrah. Cet arôme peut également provenir d'un élevage en barriques chauffées (glycyrrhizine).

Anis, fenouil

Grenache, Rhône

Gingembre

S'il n'est pas issu du cépage, l'arôme de gingembre peut se former lors d'un élevage en barriques au bois fortement chauffé.

Gewürztraminer

Cannelle

Souvent présent dans le banyuls rimage et dans certains vins de régions chaudes. L'arôme de cannelle peut également se former pendant l'élevage en barriques.

Girofle

Présent dans les vins de certains cépages. Peut également être issu du bois d'un foudre ou de la barrique.

Vins du Médoc, Bordeaux
Cabernet sauvignon
Gewürztraminer, Allemagne
Malbec

Poivre

Grenache/Garnacha/Cannonau
Negretto, Frontou
Grüner Veltliner, Autriche
Schioppettino, Frioul
Jeune syrah/shiraz

Laurier

Loureiro, Galice (Espagne)
Loureira, Vinho Verde (Portugal)
Verdejo, Castille et León (Espagne)

Muscade

Si l'arôme n'est pas variétal, il peut provenir d'une barrique fortement chauffée.

Boisé

Chêne
Bois le plus souvent utilisé pour élever un vin (oxygénation ménagée). Pour des vins à bas prix, on utilise parfois des copeaux, qui, contrairement à la barrique, ne font qu'aromatiser le vin.

Châtaignier
Bois jadis utilisé dans les régions où cet arbre était fortement répandu. Il donne au vin un caractère fortement tannique.

Vins du Portugal

Cèdre
Rappelle l'odeur d'une boîte à cigares. Il se forme lors d'un élevage en barriques neuves et se révèle dans des vins d'un certain âge.

Graphite
Vins rouges de Graves, Bordeaux

Bois moisi
Cet arôme peut provenir d'un bouchon défectueux, de barriques ou de caves malpropres.

De torréfaction

Suie

Arôme des vieilles cheminées, proche du goudron.

Pinot noir issu de grappes brûlées par le soleil

Fumée

Arôme variétal, issu du terroir ou conséquent à un élevage en barriques fortement chauffées.

Barbera, Piémont
Pinot gris
Pinot noir, Valais
Sauvignon blanc, Pouilly-Fumé (Loire)
Sémillon, Nouvelle-Zélande

Café

Présent dans des vins élevés en barriques.

Mais aussi :
Banyuls
Madère
Portugieser, Allemagne et Autriche

Cacao

Rouges évolués du Médoc, Bordeaux
Cabernet franc évolué, Loire
Merlot, Toscane
Ruländer, Autriche
Nebbiolo
Vintage Port

Caramel

Présent dans certains vins jeunes ou vieux, dans les vins oxydés (sherry amontillado) ainsi que dans des vins élevés en barriques fortement brûlées. S'il domine ou s'il se trouve en association unique avec le pruneau, indique une forte évolution du vin.

Xérès (Amontillado, Oloroso Dulce)
Pinot blanc, Allemagne
Tawny de 30 - 40 ans

Biscuit

Champagne de millésime
Chardonnay de Bourgogne ayant atteint sa maturité
Negroamaro, Pouilles (Italie)

Pain grillé

Arôme qui peut être issu de raisins fortement exposés au soleil et dans des vins élevés en barriques.

Mais aussi :
Champagne
Mousseux de Franciacorta (Lombardie)
Riesling et sémillon d'Australie

Bois brûlé

Présent dans des vins élevés dans des barriques fortement chauffées.

Caoutchouc brûlé

Une légère note de cet arôme est typique de la syrah de la vallée du Rhône. Un défaut lorsque cet arôme est dominant.

Minéral

Minéraux

Cabernet sauvignon, Chili
et Coonawarra (Australie)
Chardonnay, Chablis Grand Cru
Chasselas, Chablais (Suisse)
Riesling, Mosel-Saar-Ruwer
Riesling, Oregon (USA)

Pierre à fusil

Arôme qui provient souvent de terroirs schisteux ou de raisins brûlés par le soleil.

Chasselas

Pétrole

Riesling, marqué en Alsace
et Nouvelle-Zélande

Balsamique

Cire

Arôme de vins blancs évolués

Chenin blanc, Loire

Miel

Présent essentiellement dans des vins issus de grains nobles, de vendanges tardives, dans des vins doux naturels blancs.

Résine

Arôme noble s'il reste faible. Peut être dû à l'élevage en barriques de bois résineux. En Grèce, la résine est même ajoutée au moût pour obtenir le vin dénommé Retsina.

Goudron

Nebbiolo, Piémont
Syrah/Shiraz

Animal

Cuir

Arôme présent dans des vins riches en tanins. Le cuir est le fruit d'une combinaison entre les protéines et les tanins.

Syrah/Shiraz
Mourvèdre

Musc

Chenin blanc, Californie
Muscadelle, France
Pinot gris, Alsace

Viande

Pomerol, Bordeaux
Pinot noir de Bourgogne

Civette

Arôme souvent présent dans des vins rouges restés longtemps sur leur lie.

Bandol, Provence
Hermitage, Rhône
Castelão Francês, Portugal
Pinot noir arrivé à maturité

Fumier
Présent dans des vins malpropres (mauvaises barriques, fermentation en bouteilles) souvent dû à la présence d'une levure de la famille des brettanomyces.

Pipi de chat
Arôme typique du sauvignon blanc manquant de maturité.

Odeur de souris
Arôme désagréable produit par des levures du type brettanomyces.

Sueur
Des notes de sueur peuvent apparaître lorsque l'on n'a pas rajouté d'anhydride sulfureux après la fermentation.

Mais aussi :
Rouges de la Hunter Valley (Australie)

Foxé
Odeur typique des vins issus de cépages américains ou hybrides.

Concord, USA et *Canada*
Divers vitis labrusca, USA

Chimique/étranger

Beurre

Lorsqu'il est frais, caractérise les vins secs, mousseux et liquoreux de grande classe. Les notes de beurre plus évoluées peuvent être dues à un élevage en vieilles barriques.

Chardonnay

Fromage

Chenin blanc vendangé trop tôt

Soufre

On trouve cet arôme agressif rappelant l'allumette frottée dans certains vins liquoreux jeunes et dans les vins qui viennent d'être mis en bouteilles.

Bonbon anglais

Arôme acidulé, légèrement pénétrant, souvent présent dans les vins blancs ayant fermenté à basse température. Il disparaît parfois avec le temps.

Beaujolais nouveau
Pinotage, Afrique du Sud
Vernatsch/Schiava, Tyrol du Sud

Solvant

Odeur de bonbon anglais très intense et désagréable.

Piqûre acétique

Vin à l'odeur pénétrante, agressive et aigre, âcre en bouche (acétate d'éthyle + acide acétique). Ce défaut est provoqué par les bactéries acétiques en présence d'oxygène.

Levure

Arôme présent dans des vins mousseux ainsi que dans les vins blancs élevés sur lie.

Iode

Arôme présent dans certains vins issus de raisins cultivés à proximité de la mer ; lorsqu'il domine, signale un défaut (vendange altérée, etc.).

Melon, Loire
Bandol, Provence

Œuf pourri

Combinaison de soufre et d'hydrogène (hydrogène sulfuré). Peut disparaître après forte aération ; irréversible lorsque l'hydrogène sulfuré se combine avec l'alcool et donne du mercaptan (odeur désagréable d'ail et goût métallique).

Bouchonné

Arôme de moisi ; souvent dû à un défaut dans le travail du liège : le traitement chloré peut dégager des matières qui stimulent la croissance de champignons et dont la mauvaise odeur se communique au vin. Certains bouchons donnent au vin un caractère sec amer. Les produits de traitement du bois (poutres, palettes) à base de dichloranisol peuvent également transmettre au vin un goût très similaire à celui de bouchon moisi.

Rancio

Arôme présent dans des vins que l'on a volontairement oxydé, madérisé. On y trouve des notes de caramel, de cacao, de noix ou de fruits candis.

Carton

Les verres conservés dans des cartons doivent être lavés avant d'être utilisés !

Carton mouillé

Cette note aromatique peut provenir d'un filtre à plaques mal lavé.

Laine mouillée

Accompagné d'un goût séchard, peut indiquer un vieillissement précoce du vin. Les causes ne sont pas encore totalement élucidées : stress hydrique de la vigne ?

En bouche

- Technique de dégustation

Confirme généralement les impressions de l'œil et du nez. Prenez une bonne gorgée de vin, faites-le tourner avec votre langue, « mâchez »-le tout en aspirant un peu d'air par la bouche. Ne craignez pas d'être bruyant ! Inspirez éventuellement une deuxième fois.

Première impression

Donnez spontanément votre avis !

Carbonique

• Technique de dégustation

N'est que brièvement perçu au bout de la langue.

Des résidus de CO_2 peuvent subsister dans le vin ou être issus d'une fermentation en bouteilles. On peut détecter le CO_2 avec la pointe de la langue ; le CO_2 altère le bouquet et augmente l'agressivité des tanins (vin rouge). Dans ce cas, décantez le vin.

Pétillant

Vin présentant un léger dégagement de gaz carbonique, exprimé par les petites bulles qui montent du fond du verre.

Légèrement pétillant

Le CO_2 peut conférer au vin blanc de la fraîcheur.

Mousseux

Présence importante de gaz carbonique qui, en bouche, tend à devenir agressif.

Douceur

• Technique de dégustation

Appréciée surtout dans les vins blancs secs, ainsi que naturellement dans les vins doux et mutés. Elle est perçue avec le bout de la langue et dans la finale.

Sec

Un vin dont tous les sucres ont été transformés en alcool.

Vins blancs de la Loire
Albariño, Galice (Espagne)
Fino et Manzanilla, xérès
Champagne extra brut

Légèrement doux

Vin contenant des sucres résiduels. On peut obtenir des sucres résiduels en refroidissant le vin en train de fermenter ou en y ajoutant de l'eau-de-vie (vins mutés). Parfois aussi, les levures ne sont pas assez actives pour achever la fermentation alcoolique.

Blancs Spätlese ou Auslese,
Allemagne, Autriche
Vendange tardive, Alsace
Champagne extra dry ou demi-sec
Vouvray demi-sec

Moelleux, doux

Vin riche en sucres résiduels suite à l'arrêt de la fermentation. On peut aussi obtenir des sucres résiduels en traitant le vin en train de fermenter par le froid ou en y ajoutant de l'eau-de-vie (porto).

Arvine flétrie, Valais
Beerenauslese, Allemagne et Autriche
Sélection de Grains Nobles, Alsace
Portos
Banyuls, maury et rivesaltes,
Roussillon (France)

Très doux

Vin issu de raisins passerillés ou de grains nobles, très riche en sucres résiduels suite à un arrêt naturel de fermentation. La fermentation peut aussi être arrêtée par le froid ou l'ajout d'eau-de-vie.

Trockenbeerenauslese ou Eiswein, Allemagne et Autriche
Malmsey, madère
Pedro Ximénez, xérès ou Cream Sherry

Acidité

- Technique de dégustation

L'acidité est une saveur plus ou moins agressive. Les centres de perception de l'acidité sont constitués par les bords de la langue et les muqueuses de la bouche.

Acide

Vin issu de raisins insuffisamment mûrs ou naturellement très acides. Trop d'acidité peut être la conséquence d'un manque d'alcool ou d'extrait.

Nerveux

Vin à l'acidité dominante (terme positif). Lorsqu'ils sont riches en extrait et en tanins, les vins (rouges) présentent en général un bon potentiel de vieillissement.

Vif

Vin à l'acidité à peine dominante (terme positif).

Tendre

Vin à l'acidité en retrait mais harmonieux (terme positif).

Plat

Vin manquant d'acidité, aqueux, court.

Tanins

- Technique de dégustation

Composante astringente du vin rouge, perçue par la langue et les gencives, provenant de la peau et des pépins des raisins ainsi que du bois utilisé pour la vinification et l'élevage.

Quantité de tanins

Les tanins agissent comme agents de conservation du vin, et ce, avec d'autres substances telles que l'acidité, l'alcool, les sels minéraux. La quantité de tanins diminue avec l'âge du vin.

Légèrement tannique

Pinot noir
Gamay
Dornfelder, Allemagne
St. Laurent, Autriche
Barbera, Piémont
Teroldego, Trentin (Italie)
Grenache
Pinotage, Afrique du Sud

Moyennement tannique

Cabernet franc
Merlot

Très tannique

Tannat, Madiran (France)
Cabernet sauvignon
Mourvèdre, France
Nebbiolo, Piémont
Refosco, Frioul
Sangiovese, Toscane

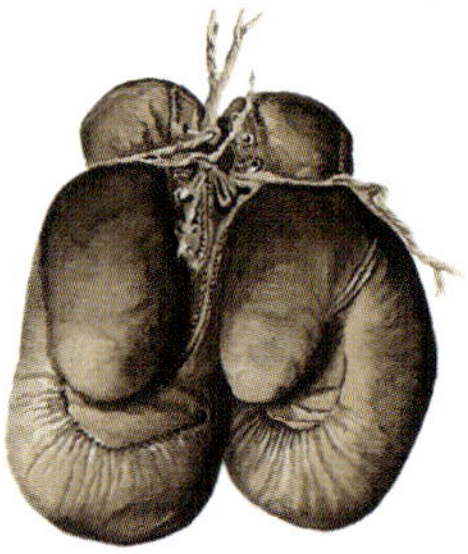

Qualité des tanins

La qualité des tanins dépend de la maturité du raisin et de la vinification (pressurage, température et longueur de la macération, mode d'élevage, etc.).

Tanins fins
Tanins au grain fin, soyeux.

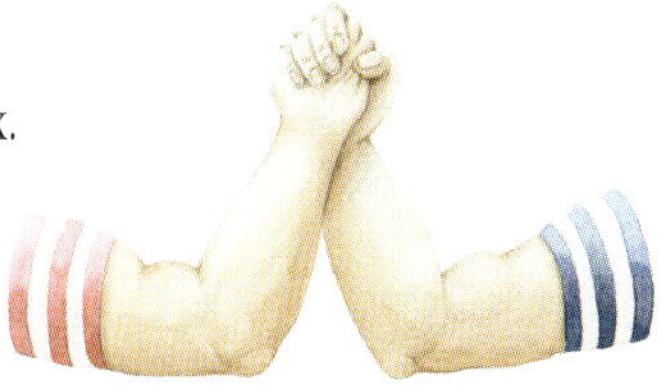

Tanins rêches
Tanins âpres, râpeux.

Tanins bien enveloppés
Enveloppés par un moelleux important.

Tanins secs
Tanins astringents et secs dans des vins manquant de fruit.

Astringent
Contraction des muqueuses provoquée par les tanins. Celle-ci peut être renforcée par l'acidité. Une astringence excessive signale un déséquilibre.

Amertume
Perçue à des degrés divers dans tous les vins, l'amertume est souvent, mais pas nécessairement, associée à l'astringence. Elle est induite par des tanins verts ou par des raisins manquant de maturité. L'amertume peut se percevoir en fin de dégustation.

Légèrement amer

Carignan/Cariñena/Mazuelo/Carignano

Amer

Très amer
Vin malade (décomposition du glycérol) ou issu d'une vendange de mauvaise qualité. L'amertume peut être aussi provoquée par une vinification inadaptée (extraction excessive des tanins).

Corps

• Technique de dégustation

Terme qualifiant la richesse d'extrait et d'alcool. Volume d'un vin. Epaisseur d'un vin.

Gras, charnu

Vin riche en extrait et harmonieux, donnant une sensation agréable. Il s'agit de vins de qualité issus de raisins bien mûrs.

Étoffe

Vin riche en extrait.

Rond

Vin souple et harmonieux, sans aspérités.

Mince

Vin pauvre en extrait, court en bouche.

Maigre

Vin dilué, court en bouche et pauvre en extrait. Souvent la cause d'un excès de rendement ou d'un millésime médiocre.

Alcool

• Technique de dégustation

Composante chaleureuse et légèrement sucrée du vin. L'excès d'alcool donne une sensation trop chaleureuse, voire brûlante.

Alcool agréable

Procure une sensation de moelleux au vin.

Chaleureux

Vin naturellement riche en alcool. Peut être aussi la conséquence d'une chaptalisation exagérée.

Grenache/Garnacha/Cannonau
Châteauneuf-du-Pape
Madère et vins de Porto

Brûlant

Vin présentant un excès d'alcool : le plus souvent lorsqu'il est trop chaptalisé ou muté.

Alcooleux

Vin issu d'une vendange trop mûre, d'un mutage inadapté ou d'une chaptalisation excessive et manquant d'acidité.

Rétro-olfaction

Arômes perçus dans l'arrière-bouche au moyen des bulbes olfactifs se trouvant au fond des voies nasales. On retrouve en bouche les arômes perçus au nez.

Longueur

- Technique de dégustation

Après avoir avalé ou craché le vin, les impressions gustatives continuent à se manifester en bouche. La longueur correspond au temps pendant lequel le vin continue de stimuler les récepteurs sensibles aux arômes : l'unité de mesure se nomme caudalie et correspond à une seconde de persistance.

Court

1 à 4 caudalies : vin léger, souvent de petite qualité.

Longueur moyenne

4 à 7 caudalies : vin de la gamme moyenne.

Long

7 à 15 caudalies : grand vin bien structuré.

Impression générale

Harmonie

- Technique de dégustation

Mesure de l'équilibre des sensations olfactives et des saveurs.

Harmonieux
Vin présentant un bon équilibre des saveurs et des arômes.

Alcoolique
Vin où la sensation chaleureuse de l'alcool domine. Dans ce cas, diminuez la température de service.

Trop léger
Vin manquant d'extrait et d'alcool.

Trop acide
Si le vin est trop acide, augmentez la température de service.

Trop tendre
Diminuez la température de service.

Trop tannique
Lorsqu'un vin est trop tannique, augmentez la température de service.

Trop amer
En diminuant la température de service, on atténue l'amertume.

Trop doux, collant
Vin doux manquant de structure ou trop peu acide. Un vin de grande qualité n'est jamais trop doux! Diminuez la température de service!

Arôme trop faible
Peut provenir d'une température de service trop basse.

Caractère

Laissez libre cours à votre imagination et décrivez le caractère du vin au moyen des termes nés de votre imagination ou proposés ci-dessous.

Pauvre
Vin très léger, manquant de qualités.

Fade
Vin de masse sans caractère.

Honnête
Vin propre, sans défaut.

Charmant
Un vin flatteur, sans défaut notable.

Coulant
Vin souple qui se boit facilement.

Élégant
Vin de grande distinction, fin et équilibré.

Velouté
Vin contenant des tanins bien enveloppés au grain soyeux.

Rugueux
Tanins donnant une sensation d'aspérité.

Rustique
Vin au caractère traditionnel, riche en tanins et (ou) en acidité, manquant de finesse mais néanmoins pourvu de caractère.

Lourd
Vin riche en extrait et en alcool mais manquant d'acidité, de race.

Excellent

Puissant
Vin riche en extrait, en acidité et en alcool.

Exceptionnel
Vin possédant équilibre, raffinement, élégance, complexité aromatique et longueur dépassant la norme.

III La température

La température à laquelle on boit le vin a une forte influence sur son harmonie. Par exemple, des vins riches en acidité sembleront moins agressifs si on les boit plus chauds.

Le vin devient vite chaud dans le verre. Servez-le 1 à 2 degrés plus frais que l'indique ce tableau.

Vin mousseux, champagne	
non millésimé	10°C
millésimé - champagne	10° - 14°C
Vins blancs	
vin complexe, sec	11° - 14°C
vin rond, moyennement lourd	10° - 12°C
vin mince, léger ou douceâtre	9° - 11°C
Rosés	
rosé étoffé	10° - 12°C
rosé léger	8° - 10°C
Vins rouges	
vin riche en tanins	17° - 19°C
vin moyennement tannique	16° - 18°C
vin simple avec peu de tanins	14° - 16°C
Vins doux, vins de dessert	
vin de dessert étoffé et doux	12° - 14°C
vin léger ou légèrement doux	9° - 11°C
Vins mutés	
vin mûr, doux	14° - 18°C
vin jeune, sec	12° - 14°C
Amontillado, Oloroso, Cream Sherry, Pedro Ximénez ; Vintage Port, Late Bottled Port, Ruby Port, Tawny Port, Ruby Port ; Malmsey	16° - 18°C
Fino, Fino Amontillado, Manzanilla ; Tawny Port 10 - 40 ans ; Bual	14° - 16°C
Verdelho	12° - 14°C
Sercial	8° - 10°C
White Port	6° - 8°C

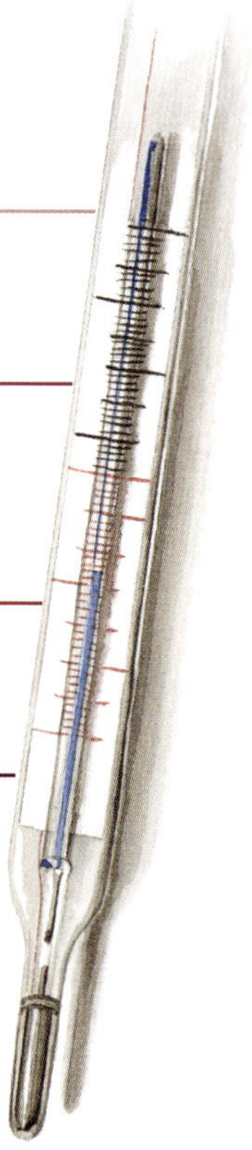

Si un vin vous semble acide, alcooleux ou dépourvu d'harmonie, osez changer sa température. Avec un peu de chance et un peu d'entraînement, vous réussirez certainement à le rendre plus agréable.

	réchauffé	refroidir
Douceur	plus forte	plus faible
Alcool	plus fort	plus faible
Amertume	plus forte	plus faible
Acidité carbonique	plus forte	plus faible
Acidité	plus faible	plus fort
Tanins	plus faible	plus fort
Développement des arômes	plus fort	plus faible

Réchauffer et refroidir le vin

Le tableau suivant montre le temps approximatif nécessaire pour réchauffer ou refroidir une bouteille pleine de 7,5 dl (en min.).

Température de service	Température de la cave					
	12	14	16	18	20	C°
18°C	120	90	60		10	min
16°C	70	40		20	40	min
14°C	30		30	50	60	min
12°C		40	60	80	100	min
10°C	50	80	110	130	150	min
8°C	120	150	180	200	220	min

- ● Temps du réchauffement dans une pièce chauffée à 22°C
- ● Temps du refroidissement dans un frigo à 5°C

En règle générale, on compte 30 minutes pour élever ou abaisser la température de 2°C.

IV L'harmonie entre mets et vins

Un vin peut se marier admirablement avec un plat et ne pas aller avec un autre. Une bonne connaissance des vins alliée à votre expérience personnelle rendront plus sûr ce terrain dangereux...

Les exercices 1 à 3 susciteront dans votre palais diverses réactions.

Examinez l'illustration de la page de droite et partez à la découverte !

❶

Goûtez d'abord un affreux mariage, où vin et nourriture se repoussent l'un l'autre.

Exemples : un jeune riesling à l'acidité marquée avec de la sauce pour la salade,
un bourgogne avec un plat asiatique relevé

❷

Savourez ensuite des accords connus pour être harmonieux.

Exemples : un bordeaux étoffé et tannique avec un puissant morceau de bœuf,
un vin blanc pauvre en acidité avec des feuilletés d'apéritif légèrement salés.

❸

Sortez enfin des chemins battus !
En principe, les vins légers accompagnent des plats légers, et les vins lourds des plats lourds. Mais on sait aussi que les opposés s'attirent !

Exemples : un porto doux riche en alcool avec un fromage bleu fort,
un muscat doux avec une tourte aux fraises.

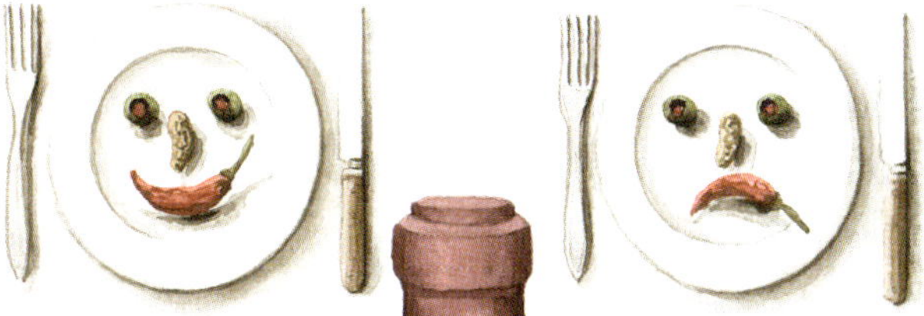

	Douceur	
légèrement salé/	vins secs	
légèrement doux	vins doux	
doux/salé/amer*		
	Alcool	
gras	vins riches en alcool	relevé
	Corps	
goût fort	vins étoffés	
	Acidité	
gras/amer*	vins avec une bonne acidité	acide/salé
salé/relevé	vins pauvres en acidité	
	Tanins	
fort au goût	vins tanniques	
léger au goût	vins peu tanniques	

**Les mets rôtis, grillés ou braisés libèrent de l'amertume.*

V Glossaire

Acide carbonique
Dissous dans l'eau, le dioxyde de carbone est produit par la fermentation, mais peut également être ajouté artificiellement. Dans les bouteilles de vins rouges, la présence de petites bulles trahit souvent une post-fermentation, non voulue, en bouteille.

Acide malique
Avec l'acide tartrique, c'est l'acide le plus important du raisin. Dans le processus de dégradation biologique de l'acidité, qu'on appelle la fermentation malolactique (voir sous ce terme), l'acide malique se transforme en acide lactique moins agressif et moins puissant. L'acidité totale du vin s'en trouve par là diminuée.

Acides
Les acides sont importants pour la conservation du vin. Ils donnent au vin vivacité et harmonie et ont une influence sur son goût et sur la finale. Les acides les plus importants dans le raisin sont l'acide tartrique et l'acide malique. Voir également *fermentation malolactique*.

Alcool
Résulte de la fermentation. Le fructose et le glucose (de même que le sucre ajouté, voir *chaptalisation*) est transformé en alcool par les levures. La teneur en alcool d'un vin atteint généralement 10 à 14 % du volume.

Arômes
Au sens strict du terme, le concept recouvre uniquement les arômes primaires, soit les émanations odorantes produites par le raisin lui-même. Par arômes secondaires, on désigne ceux issus de la fermentation et de l'élevage en fûts. Quant aux arômes tertiaires, ils se développent en bouteille. Ensemble, tous ces parfums constituent le bouquet du vin.

Barrique
Petit fût de chêne de 225 litres, originaire du Bordelais. Le fût neuf confère souvent au vin un goût de vanille. Afin d'aromatiser le vin à moindres frais, on le mélange avec des

copeaux de bois, une aromatisation qui tend à se généraliser hors d'Europe et pour des vins bas de gamme en Europe.

Botrytis cinerea

Ce champignon peut se développer sur les raisins par temps chaud et humide. Il cause la pourriture des raisins non mûrs, mais aussi la pourriture noble (voir ce terme) des raisins mûrs.

Bouquet

Voir sous *arômes*

Carafe

Récipient en verre, généralement dépourvu d'anse (voir *décanter*).

Caudalie Voir p. 58

Chambrer

Lent réchauffement du vin à la température de la pièce. Le concept date de l'époque où les caves étaient très froides et les chambres à peine plus chaudes que 18° C. Évitez un réchauffement trop brutal et allez chercher votre bouteille au bon moment. Les tableaux des pages 62 et 63 vous aident à déterminer ce moment.

Chaptalisation

Lorsque la quantité naturelle de sucre contenue dans le raisin est trop faible pour assurer une teneur en alcool suffisante, on enrichit le moût avec du sucre (saccharose). Ce procédé est répandu dans les vignobles à climat tempéré, Bordeaux et plus au nord. (Dans les régions chaudes, l'usage du moût concentré est autorisé.)

Collage

Clarification du vin au moyen notamment d'albumine : le produit gélatineux entraîne les particules au fond de la cuve.

Coupage

Mélange de raisins, de moût ou de vins de provenances différentes. Chaque région a sa propre législation qui tolère plus ou moins cette pratique.

Décantation

Mise en carafe (avec précaution) d'un vin. Sert d'abord à séparer de son dépôt un vin très vieux. Mais il est souvent utile d'aérer des vins jeunes…

Décuvage

Transvasage du vin de la cuve de fermentation dans une autre, afin de le séparer du marc.

Égrapper

Enlever les rafles (tiges, queues) de la grappe. Ne pas égrapper peut favoriser la présence d'amertume. L'opération, au moyen d'un égrappoir, se nomme égrappage ou éraflage.

Extrait sec

Ensemble de toutes les matières non volatiles du vin qui contribuent à sa richesse et à sa qualité. Elles proviennent essentiellement des pigments et des tanins, de l'alcool et des sels minéraux.

Fermentation alcoolique

Lors de la fermentation, le sucre du raisin se transforme complètement en alcool. Par contre, dans les vins contenant des sucres résiduels, cette transformation n'est pas achevée.

Fermentation malolactique

Au terme de la fermentation alcoolique (la plupart du temps, lors de la montée des températures au printemps), une deuxième fermentation peut avoir lieu, au cours de laquelle l'acide malique se transforme en acide lactique. Cette fermentation, dite malolactique, est recherchée pour tous les vins rouges et pour certains blancs. Lorsque la fermentation malolactique ne s'est pas déjà faite dans la cuve, elle peut se déclencher dans la bouteille et entraîner la formation d'acide carbonique (CO_2).

Filtration

Opération consistant à faire passer le vin à travers un filtre afin de le purifier. Permet d'éviter le dépôt naturel des substances en suspension. Aide le vin à se stabiliser, mais peut amoindrir la diversité des saveurs.

Finale

Par finale, on désigne la dernière impression que laisse le vin en bouche, une fois qu'on l'a avalé ou craché.

Gravelle

Cristaux de tartre déposés sur le bouchon ou dans la bouteille, faussement pris pour du sucre. Ce dépôt (bitartrate de potassium) se forme lors du refroidissement du vin. Normalement, cela se passe dans la cuve, mais cela peut se reproduire lors du stockage de bouteilles dans un endroit froid. La présence de ce dépôt n'affecte pas la qualité du vin.

Hectare (ha)

10 000 m^2

Hectolitre (hl)

100 litres

Hybrides

Croisements d'espèces de vignes différentes, le plus souvent des vignes américaines, résistantes, avec des vignes d'Europe, meilleures (Vitis vinifera). Les hybrides résistent mieux aux maladies et au gel.

INAO

Sigle de l'Institut national des appellations d'origine des vins et eaux-de-vie. Cette organisation, dont le siège est à Paris, réglemente et contrôle le système français des appellations d'origine contrôlée (AOC).

Levures

Le métabolisme des levures fait fermenter le jus de raisin et transforme le sucre en alcool. Pour réduire les risques durant la fermentation, les levures naturellement présentes sont parfois neutralisées par l'anhydride sulfureux (SO_2) et remplacées par des levures de culture. De plus en plus de vignerons, toutefois, utilisent des levures indigènes pour leurs vins.

Macération carbonique

Processus de fermentation intracellulaire des baies entières, dans une atmosphère sans oxygène, avant la fermentation alcoolique. L'intensité des arômes et le degré d'alcool s'en trouvent augmentés alors que les tanins et l'acide malique baissent. Cette technique est utilisée notamment dans le Beaujolais et sur certains cépages.

Mutage

Ajout d'alcool à du moût pour interrompre la fermentation. Les banyuls, les portos, les muscats du sud de la France (vins doux naturels) sont des vins mutés.

Oxydation

Altération du vin dû à un contact avec l'air ou à une trop longue conservation. Une coloration brune du vin signale l'oxydation.

Potentiel de garde

Le potentiel de garde d'un vin dépend entre autres de l'acidité, de l'alcool et des tanins. L'intensité de ces composants n'est pas seule en cause, mais également leur équilibre.

Pourriture noble

Pourriture due au champignon *Botrytis cinerea* et recherchée sur plusieurs cépages. Elle se développe d'abord sur les raisins mûrs. Le champignon détruit la peau du raisin et l'eau s'en échappe. Le sucre atteint alors une forte concentration dans le raisin ratatiné.

Pressurage

Action de presser les baies des raisins. Aujourd'hui cette opération s'effectue dans des pressoirs pneumatiques à baudruche, moins violents pour le raisin.

Rafle

Charpente de la grappe constituée d'un pédoncule, d'un axe principal, d'axes secondaires et de pédicelles. Parties ligneuses auxquelles pendent les baies des raisins (voir *égrapper*).

Récolte tardive

Vin de raisins récoltés après la vendange à date normale.

Réduit

Se dit d'un vin qui ne s'exprime pas, par manque d'oxygène. À l'opposé de l'oxydation (voir ce terme).

Rendement à l'hectare

Le rendement d'une vigne est donné en hectolitres par hectare, parfois aussi en kilos par hectare ou en kilos par mètre carré. En coupant une partie des grappes avant la maturité des raisins (vendange verte ou vendange en vert), on arrive à récolter un raisin plus mûr qui donne un meilleur vin. Selon les régions, des limitations de rendement sont fixées officiellement. Les limites restent cependant si élevées que les producteurs qui privilégient la qualité restent volontairement en dessous.

Rétro-olfaction

Les odeurs parviennent aux bulbes olfactifs, au fond des voies nasales, par deux chemins : l'un direct par le nez, l'autre indirect par la bouche et l'espace nez/pharynx. Les arômes perçus dans l'arrière-bouche, libérés par la chaleur du palais, proviennent de la rétro-olfaction.

Stabilisation

Située entre la fin de la fermentation et la mise en bouteilles du vin, cette étape comprend les opérations telles que l'ajout d'anhydride sulfureux (SO_2), le collage et la filtration.

Sucre

Les raisins contiennent à peu près autant de glucose que de fructose. La mesure de la teneur en sucre varie selon les régions, degrés Oechslé en Suisse, en Allemagne et en Alsace, degrés Baumé en France, Brix également en Suisse romande. Plus les raisins sont mûrs et plus ils ont de degrés Oechslé, Baumé ou Brix.

Sucres résiduels

Sucre restant après la fermentation et qui n'a donc pas été transformé en alcool.

Tanins

Ils proviennent de la peau et des pépins des raisins (éventuellement des rafles s'il n'y a pas eu égrappage) mais aussi du bois des fûts neufs. La qualité des tanins dépend surtout du travail sur le raisin (égrappage et pressurage). Durant la vinification, les vins blancs et les rosés se trouvent peu en contact avec la peau des baies : ils ne contiennent donc que peu de tanins. La teneur en tanins diminue avec la maturation en bouteille (précipitation des molécules des composés phénoliques polymérisés). Les molécules de tanins s'unissent à d'autres substances présentes dans le vin, deviennent lourdes et insolubles, et se déposent finalement au fond de la bouteille.

Vin de dessert

À cause de sa forte teneur en sucres résiduels, ce vin doux (ou liquoreux) tire son nom du fait qu'il est plutôt bu avec le dessert qu'avec le plat de résistance.

Vinification

Pour la production de vins rouges, le raisin est mis à fermenter de manière à ce que la peau des baies donne couleur et tanins au vin. Le vin qui s'écoule est le vin de goutte. Le marc égoutté est sorti de la cuve et pressuré (vin de presse). Pour les vins blancs, le raisin est immédiatement pressé, avant la fermentation, de sorte qu'un minimum de matière colorante ou tannique n'aboutit dans le vin. Raison pour laquelle des raisins rouges peuvent donner un vin blanc («blanc de noirs»). Quant aux rosés, leur moût ne fermente avec les peaux qu'un court moment.

Viscosité

Qualifie un vin possédant du gras, soit une forte teneur en alcool et en sucre. On repère la viscosité, après avoir penché son verre, aux traces laissées sur les bords: les «jambes» du vin.